Petromaskulinität

Fröhliche Wissenschaft 216

Cara New Daggett

Petromaskulinität

Fossile Energieträger und autoritäres Begehren

Aus dem Englischen von David Frühauf

Inhalt

Einleitung 7

Fossile Brennstoffe und autoritäre Politik 15

Fossile Brennstoffe und Maskulinität 20

Eine desaströse Konvergenz. Maskulinität, fossile Brennstoffe und Autoritarismus 28

Schluss: Gewalt und Misogynie fossiler Brennstoffe 49

Anmerkungen 55

Einleitung

Die globale Erwärmung stellt die fossilen Brennstoffsysteme und diejenigen, die von ihnen profitieren, vor ein Problem; fossile Brennstoffe im Boden zu belassen bedeutet mit hoher Wahrscheinlichkeit, etliche Billionen Dollar an Gewinn unter der Erde verkümmern zu lassen.[1] Zugleich aber gefährdet sie zahllose von fossilen Ökonomien gestützte Vorteilsgeflechte [*networks of privilege*]. Daher lautet eine Überlegung von Jairus Grove: »Umweltgerechtigkeit wird *ungleiche* Rollen erforderlich machen: nämlich die Macht des Eurozäns erheblich einzuschränken, wenn nicht gar zu unterdrücken.«[2] Auf ähnliche Weise gemahnt uns das »Planet Politics Manifesto« daran, dass »der Planet uns mitteilt, dass der menschlichen Freiheit Grenzen gesetzt sind; und es Freiheiten und politische Entscheidungen gibt, die uns nicht länger zur Verfügung stehen«.[3] Angesichts der Menge an Geld und an Privilegien, die auf dem Spiel stehen, ist es somit wohl keineswegs verwunderlich, dass das von einer globalen Umweltgerechtigkeit eingeforderte tragische *Ethos* auf Widerstand stößt. Jene Regionen, die den höchsten Kohlendioxidausstoß zu verbuchen haben, bereiten sich darauf vor, aus einer sich erwärmenden Erde Profite zu schlagen, indem sie eine militarisierte und korporatisierte Variante der Klimasicherheit forcieren.[4] Das Ergebnis wird, wie Christian Parenti vermutet, aller Wahrscheinlichkeit nach eine »Politik des bewaffneten Rettungsbootes« sein, zumal darauf bereits jetzt vom Globalen

> Norden mit einem neuen Autoritarismus reagiert wird. Das Pentagon und seine europäischen Verbündeten planen tatkräftig eine militarisierte Anpassung, die die anhaltende, unbefristete Eindämmung gescheiterter oder scheiternder Staaten akzentuiert – eine ewige Aufstandsbekämpfung. Diese Art des »Klimafaschismus« – eine Politik, die auf Ausgrenzung, Segregation und Repression beruht – ist entsetzlich und zum Scheitern verurteilt.[5]

Der »Klimafaschismus« mit seinen Lagern, Stacheldrähten und seiner polizeilichen Omnipräsenz ist das voraussichtliche Resultat der Klima(un-)sicherheit.[6]

Ein erster Keim des fossilen Faschismus war bereits im Zuge der Wahl Donald Trumps zum Präsidenten der Vereinigten Staaten 2016 sowie der konservativen Übernahme des US-Kongresses wahrzunehmen. Innerhalb kürzester Zeit hatte sowohl die Trump-Administration als auch die Republikanische Partei den fossilen Brennstoffsystemen den Rücken gestärkt, indem sie den Klimawandel leugneten und eine Vielzahl von Umweltschutzmaßnahmen demontierten, unter anderem durch den Ausstieg aus dem Pariser Klimaabkommen, die Einsetzung eines Klimaleugners (Scott Pruitt) an der Spitze der Umweltschutzbehörde, Schritte zur Aussetzung des Clean Power Plan, Schwächung des Clean Air Act und des Clean Water Act, Aufhebung des Moratoriums für neue Kohlepachtverträge auf bundesstaatlichem Gebiet, Beendigung einer Studie über die gesundheitlichen Auswirkungen des Kohlebergbaus durch Gipfelabsprengung und die Öffnung beinahe aller US-Küstengewässer für Offshore-Ölbohrungen.

Offensichtlich kommt die Leugnung des Klimawandels fossil befeuerten kapitalistischen Interessen zugute, doch sichern Kohle und Öl weitaus mehr als bloß Profite und einen verbrauchsintensiven Lebensstil. Wenn Menschen dermaßen beharrlich an fossilen Brennstoffen festhalten, dass selbst Autoritarismus als Mittel dafür in Betracht gezogen wird, dann deshalb, weil fossile Brennstoffe kulturelle Bedeutung wie auch politische Subjektivitäten festigen. Seit dem neuen Imperialismus des 19. Jahrhunderts sind fossile

Brennstoffe zur metaphorischen, materiellen und soziotechnischen Grundlage westlicher Petrokulturen geworden, die sich über den gesamten Planeten erstrecken.[7] Anders ausgedrückt: Fossile Brennstoffe sind für die neuen autoritären Bewegungen im Westen zwar auch aufgrund von Profiten und der Lebensstile von Konsument*innen bedeutsam, vor allem aber weil privilegierte Individuen ölgetränkt und kohlebestäubt sind. Es ist daher kein Zufall, dass *weiße*, konservative US-amerikanische Männer – ungeachtet ihrer Klasse – zu den lautstärksten Klimaleugnern sowie zu den führenden Befürwortern fossiler Brennstoffe im Westen gezählt werden müssen.[8]

Dieser Essay versteht sich als feministische Lektüre der Klimaleugnung und der enthusiastischen Anpreisung fossiler Brennstoffe innerhalb der neuen autoritären Bewegungen des Westens, um der Verflechtung von Männlichkeit und fossilen Brennstoffen auf die Schliche zu kommen. Mittels des Konzepts der Petromaskulinität will ich dabei die – sowohl technische wie affektive, ideelle wie auch materielle – Beziehung zwischen fossilen Brennstoffen und *weißen* patriarchalischen Ordnungen kenntlich machen. Werden Misogynie und die Leugnung des Klimawandels nämlich oft als separate Dimensionen neuer autoritärer Bewegungen behandelt, bezeugt eine Fokussierung auf Petromaskulinität ihre wechselseitige Konstituierung, wobei neben Klimaangst auch *gender anxiety* zum Vorschein kommt und frauenfeindliche Gewalt sich zuweilen als fossile Gewalt entlädt.[9]

Trotz des wachsenden Interesses an genderspezifischen Analysen des Klimawandels[10] bleibt die Schnittmenge von Gender und Energie bislang unzureichend erforscht, wobei die meisten daran interessierten Untersuchungen im Entwicklungsbereich angesiedelt sind und der Fokus vor allem auf dem gleichberechtigten Zugang zu Brennstoffen liegt.[11] Die Forschung zu Maskulinität und Energie beziehungsweise Umweltfragen ist in ihrem Fokus indes sogar noch beschränkter.[12] Und das, obwohl die männliche Identität, wie auch die durch sie gestützte patriarchale Ordnung, geradezu maßgeblich ist für das Verständnis der (ausbleibenden) politischen Reaktionen auf den Klimawandel, insbesondere im Globalen Norden. In diesem Sinne argumentiert Sherilyn MacGregor beispielsweise, dass der Umweltschutz aufgrund der Dominanz von Wissenschafts- und Sicherheitsrahmungen für das Verständnis des Klimawandels selbst bereits maskulinisiert worden sei. Diese »verhärteten« Rahmenbedingungen würden in einer Bevorzugung derjenigen »Arten von Lösungen [münden], die traditionell der Domäne von Männern und der hegemonialen Maskulinität zugerechnet werden«, was zu einer »Herabstufung ethischer Anliegen« wie Gerechtigkeit, Gesundheit oder ökonomischer Gleichheit führe.[13]

Die historische Beziehung zwischen fossilen Brennstoffen und *weißer* patriarchalischer Herrschaft anzuerkennen ist hilfreich, um das autoritäre Begehren und die Ängste zu begreifen, die mit dem Anthropozän einhergehen. Zudem vermag eine feministische Lektüre der Systeme fossiler Brennstoffe auf die Genese einer weiteren gefährlichen »katastrophalen Konvergenz«, wie eine Formulierung Parentis lautet, hinzuweisen: in diesem Falle diejenige Konvergenz zwischen Klimawandel, einem sich in die Ecke gedrängt fühlenden fossilen Brennstoffsystem sowie einer zunehmend fragilen westlichen Hypermaskulinität. Konvergenz bedeutet für Parenti nicht »bloß verschiedene Katastrophen, die sich gleichzeitig ereignen, wobei ein Problem das andere überlagert«, sondern »dass die Probleme sich miteinander verbinden und gegenseitig verstärken, wobei sie jeweils durch ein anderes zum Ausdruck kommen«.[14] Die Analyse der Petromaskulinität macht uns auf jene bedrohlichen Momente aufmerksam, in denen Anfechtungen der fossil befeuerten Systeme – und im weiteren Sinne: der fossilgetränkten Lebensstile – als Infragestellung der Herrschaft des *weißen* Patriarchats interpretiert werden. Denn Petromaskulinität verfügt, ähnlich wie fossile Brennstoffsysteme, über globale Dimensionen. Doch nicht anders als andere Maskulinitäten sollte auch Petromaskulinität so verstanden werden, dass sie sich auf vielfältige und lokal jeweils spezifische Weise manifestiert. Dieser Text konzentriert sich jedoch lediglich auf eine ihrer prominentesten Ausprägungen innerhalb der letzten Zeit: diejenige, die durch die autoritären Bewegungen in den Vereinigten Staaten zum Ausdruck gekommen ist.[15]

Der Fall USA ist aufschlussreich, insofern Wohlstand, hoher Energieverbrauch und Militarismus die Klimapolitik der Vereinigten Staaten zum entscheidenden Faktor der planetarischen Sicherheit werden lassen. Mein Text orientiert sich an den drei zusammenwirkenden Phänomenen fossile Brennstoffsysteme, *weiße* patriarchale Herrschaft sowie Autoritarismus. In den ersten beiden Abschnitten wird die historische Beziehung zwischen fossilen Brennstoffen und Autoritarismus einerseits sowie zwischen fossilen Brennstoffen und der *weißen* patriarchalen Herrschaft andererseits nachgewiesen. Der restliche Essay bedient sich des Konzepts der Petromaskulinität, um die leicht entflammbare Konvergenz aller drei innerhalb der neuen autoritären Bewegungen in den USA gedanklich zu erfassen. Dabei richte ich den Fokus auf eine psychopolitische Analyse des Autoritarismus, innerhalb derer der

Einsatz fossiler Brennstoffe als gewaltsame Kompensation für die durch genderspezifische und klimatische Probleme hervorgerufenen Ängste verstanden werden soll. Der Essay schließt mit der Betrachtung der vorsätzlichen Fortführung fossiler Brennstoffregime als misogyner Praxis, wobei Kate Mannes Verständnis von Frauenfeindlichkeit als polizeiliche Aktivitäten, die Abweichendes bestrafen und die patriarchale Herrschaft untermauern, übernommen wird.[16]

Fossile Brennstoffe und autoritäre Politik

Fossile Brennstoffe erschufen die moderne Welt. Und als Katalysator liberaler Demokratien wird ihnen – oder zumindest dem hohen Energieverbrauch, den sie ermöglichen – nach wie vor Wertschätzung zuteil. Erkennen lässt sich dies an den ökomodernistischen Forderungen nach einem guten Anthropozän, welches die Vorteile fossiler Brennstoffe allzu gerne von den Brennstoffen selbst entkoppeln würde.[17] Denn auch wenn die Industrialisierung die Zerstörung des Planeten zur Folge habe, sei ihre Verbreitung doch immerhin mit humanistischen Erfolgen wie der Abschaffung der Sklaverei, einer erhöhten Alphabetisierung, der Gleichstellung der Geschlechter und Armutsbekämpfung einhergegangen. Dipesh Chakrabarty vermerkt hierzu, dass dies kein Zufall sein könne und dass »das Gutshaus der modernen Freiheit zu seinem Unterhalt eine ständig wachsende Menge [fossiler Brennstoffe benötige]. Die meisten Freiheiten, deren wir uns erfreuen, haben sich als recht energieintensiv erwiesen.«[18]

Genau genommen aber haben fossile Brennstoffe neben den durch Öl und Kohle verursachten ökologischen Schäden auch schweren politischen Schaden angerichtet. Demgemäß argumentiert Timothy Mitchell, dass fossile Brennstoffe im Hinblick auf den Ausbau der Demokratie widersprüchliche Auswirkungen gezeitigt hätten.[19] So seien zwar die Förderung und Bereitstellung von Kohle aufgrund ihrer materiellen Eigenschaften anfällig für Engpässe gewesen, was sich im 19. Jahrhundert von einem wachsenden Widerstand innerhalb der Arbeiter*innenschaft habe instrumentalisieren lassen. Demgegenüber seien Ölsysteme jedoch deutlich weniger anfällig gewesen für derart demokratische Kaperungen. Die globalen Ölsysteme des 20. Jahrhunderts bedurften einer Vielzahl an illiberalen und gewaltsamen Maßnahmen vonseiten westlicher Staaten und Ölkonzernen, um Ölknappheit und damit auch ihren Profit sicherzustellen. So warb der Westen etwa mit seinen demokratischen Überzeugungen, während er zugleich Nutzen aus den autoritären Regimen und extremistischen Bewegungen im Nahen Osten und Nordafrika schlug und diese unterstützte. Gleichermaßen wurde die Gewinnung fossiler Brennstoffe und Mineralien sowohl innerhalb der USA als auch im Ausland durch rassistische Regelungen im Hinblick auf Löhne und Sozialleistungsbezüge gewährleistet, die aufseiten der Unternehmen und der sie unterstützenden Staaten offensiv antidemokratisch waren.[20] Die Kohlenstoffdemokratie entstand demnach mit und in Abhängigkeit von Autoritarismus. Oder noch deutlicher ausgedrückt: Autoritäre Politik war historisch betrachtet ein wesentlicher Bestandteil des Projekts zur Sicherung westlicher (fossiler) Herrschaft. Unter fossiler Herrschaft verstehe ich eine Regierungslogik, die vom intensiven Verbrauch fossiler Brennstoffe sowohl in materieller als auch, wie ich weiter unten herausarbeiten werde, in psychopolitischer Weise abhängig ist. Die fossile Herrschaft wird vermittels des »fossilen Kapitals« mobilisiert, womit Andreas Malm begrifflich zu fassen sucht, wie der moderne Kapitalismus um den Glauben an ein »selbsterhaltendes Wachstum[, das] eng an die Verbrennung fossiler Energieträger geknüpft« ist, errichtet wurde.[21] Das fossile Kapital bedarf zur Wohlstandsakkumulation eines endlosen, günstigen Zustroms fossiler Brennstoffe auf Kosten anderer Menschen und Dinge, und dies macht autoritäre Taktiken an bestimmten Orten und in bestimmten Momenten zwingend erforderlich – ein Phänomen, das von postkolonialen Theoretiker*innen und Denker*innen im Globalen Süden bereits ausführlich beschrieben wurde.[22]

Demgemäß erscheint der Autoritarismus weniger als eine Pervertierung der Moderne oder als lauerndes Risiko der massenindustrialisierten Gesellschaft, das es zu vermeiden gelte, denn vielmehr als das eigentliche Herzstück eines auf der Verbrennung fossiler Energieträger beruhenden zeitgenössischen Lebens. Dass uns der Einfallsreichtum im Laufe der Zeit erlauben wird, sich des zerstörerischen Potenzials fossiler Brennstoffe zu entledigen, sollte hierfür keinerlei Trost sein.[23] Die Neuerungen und Freiheiten, die uns die fossil befeuerte Zivilisation beschert hat, sind derart eng mit katastrophaler Gewalt verstrickt, dass die Inangriffnahme eines fossil befeuerten Lebens zu gleichen Teilen bedeutet, das Massenaussterben der Spezies in Gang zu setzen wie das Internet oder globale soziale Bewegungen zu ermöglichen.

Die Kohlenstoffdemokratie ist bestrebt, der privilegierten Öffentlichkeit die massenvernichtende Schlagseite fossiler Brennstoffe weitestgehend zu verheimlichen, sei es mittels unterirdischer Pipelines, Flächennutzungsplänen, die die Schwerindustrie unmittelbar neben von Armut betroffenen Communitys sowie People of Colour ansiedeln, oder sei es vermittels der Vorstellung, Dinge tatsächlich *weg*werfen zu können. Auf ganz ähnliche Weise waren die autoritären Praktiken, derer das fossile Kapital im Globalen Süden bedurfte, oftmals geografisch von den liberalen Regierungsformen im Westen abgeschirmt. Dies ermöglichte es vielen Menschen im Westen, über ihre Mitschuld am fossilen Autoritarismus hinwegzusehen und sich weiterhin in dem Glauben einzurichten, fossile Brennstoffe und liberale Demokratie wären natürliche und unabdingbare Partner. Dementsprechend ist das Narrativ einer rechtschaffenen fossilen Demokratie nicht nur für die althergebrachte US-amerikanische Identität, sondern auch für ihre hegemonialen *weißen* Maskulinitäten von entscheidender Bedeutung. Wie jedoch Aimé Césaire bereits vor mehr als sechzig Jahren festgestellt hat, kehrt die Gewalt, die Anglo-Europäer*innen im Ausland verübt haben – trotz aller Bemühungen, die Augen vor den Folgen zu verschließen oder die Gewalt zu rechtfertigen –, mit einem »gewaltigen Bumerangeinschlag« wieder, während »die Kolonisation darauf hinarbeitet, den Kolonisator zu *entzivilisieren*, ihn im wahrsten Sinne des Wortes zu *verrohen*, ihn zu entwürdigen, verschüttete Instinkte – Begehrlichkeit, Gewalttätigkeit, Rassenhass, moralischen Relativismus – in ihm zu wecken«.[24]

Fossile Brennstoffe und Maskulinität

Die US-amerikanische Öffentlichkeit begreift Donald Trumps »Make America Great Again«-Mission als *Hommage* an ein Fantasiegebilde des US-amerikanischen Lebens Mitte des 20. Jahrhunderts, an eine Zeit also, als *weiße* Männer noch unangefochten ihren Haushalten vorstanden. Dieses Modell fußte auf der umfassenden Vollzeitbeschäftigung für ebendiese *weißen* Männer, deren Gehälter es ihnen erlaubten, Hausfrauen und Kinder durchzubringen. Oder in den die US-Präsidentschaftswahlen 2016 resümierenden Worten der Reporterin Zoe Chace: »Für viele Leute ging es bei ›Make America Great Again‹ um ›Make Men Great Again‹.«[25] Trumps Slogan evoziert eine Art Petro-Nostalgie,[26] insofern sich die Verwirklichung des patriarchalen Ideals in den USA Mitte des 20. Jahrhunderts der kontinuierlichen Versorgung mit billigen fossilen Brennstoffen verdankte. Autos, Vororte und die Kernfamilie, allesamt auf den *weißen* männlichen Arbeiter zugeschnitten, bildeten ein Triumvirat, das die Sehnsüchte der US-Amerikaner*innen nicht nur an die Lohnarbeit koppelte, sondern auch an die unablässige Zufuhr kostengünstiger Energie, mit deren Hilfe der Traum davon überhaupt denkbar wurde. Derlei privatisierte Verbraucheranreize – nebst der Infrastruktur und den Maßnahmen des New Deals, die diese begünstigten – sollten die US-amerikanische Öffentlichkeit gegen die Doppelbedrohung aus Kommunismus und Faschismus immunisieren, die beide im Schattenwind von Weltwirtschaftskrise und Zweitem Weltkrieg lauerten.[27] Auf der Angebotsseite und insbesondere vor der Ölkrise der 1970er-Jahre sorgte der Staat für eine künstliche Ölknappheit, die den Ölkonzernen Gewinne sicherte.[28] Aufseiten der Nachfrage kultivierte er zugleich das Verlangen nach Öl, etwa indem er die Verwirklichung des American Dreams mit dem Verbrauch fossiler Brennstoffe kurzschloss.

Und schließlich (und für das Anliegen dieses Textes ist dieses Kriterium sicherlich zentral) ordnete sich die US-amerikanische Lebensweise um eine Version der *weißen* patriarchalen Herrschaft herum an, bei der der Erfolg hegemonialer Maskulinität auf einen intensiven Verbrauch fossiler Brennstoffe sowie – für die Arbeiter- und Mittelklasse – auf Arbeitsplätze innerhalb oder abhängig von fossilen Brennstoffsystemen angewiesen war (Arbeitsplätze und Löhne, die, gleich den staatlichen Sozialleistungen, mit Blick auf *race* ungleich verteilt waren – oft mit der bewusst getroffenen unternehmerischen Absicht, die Arbeiter*innenschaft zu spalten, um Unruhen vorzubeugen).[29] Für viele stellt die Förderung und Verbrennung der Energieträger sowohl eine Praxis *weißer* Männlichkeit als auch ein Zeichen US-amerikanischer Souveränität dar, die explosive Kraft der Verbrennungen wird gewissermaßen mit Virilität gleichgesetzt.

Kein Wunder also, dass der Zugang zu billigem und in Überfluss vorhandenem Benzin und Strom gleichermaßen zur unabdingbaren Voraussetzung für das US-amerikanische Wohlergehen wie zum Recht werden konnte, das sowohl vom als auch für den Staat eingefordert wurde. Sind sich die US-Amerikaner*innen im 21. Jahrhundert auch uneins darüber, ob Gesundheitsversorgung oder Lebensmittel als Grundrecht angesehen werden sollten, so stimmen sie doch zu weiten Teilen in der parteiübergreifenden Annahme überein, dass US-Amerikaner*innen günstige Energie zustehe und der Staat verpflichtet sei, diese auch zu gewährleisten.[30] Dadurch erscheint im Gegenzug jedwede Bedrohung der Energieversorgung als Gefährdung des American Dreams wie auch, damit einhergehend, der globalen Vormachtstellung der USA.

Make America Great Again beharrt dementsprechend auf einer *Leave It To Beaver*-Arglosigkeit[31] gegenüber der Verbrennung fossiler Energieträger – darauf also, dass es keine Nachteile habe, immer mehr Kohle und Öl in Brand zu setzen, zumindest nicht für *weiße* US-Amerikaner*innen. Nachwahlbefragungen haben gezeigt, dass diese Wahlkampfbotschaft nicht allein bei *weißen* Männern, sondern auch bei mehr als der Hälfte der *weißen* Wählerinnen auf Zustimmung traf,[32] von denen einige ihren Seelenfrieden wohl ebenfalls im Status quo finden und daher Anstoß an Bedrohungen fossiler Brennstoffsysteme und/oder hegemonialer *weißer* Maskulinität nehmen. Aufgrund des rosig-nostalgischen Blicks, den die petromaskuline Identität bietet, erscheint der Affront, den die globale Erwärmung und all die Umweltschutzvorschriften darstellen, als genauso aufrührerisch wie die Gefahren, die von den die Energie und Kraft vom Staat/von der traditionellen Familie zu schröpfen versuchenden feministischen und queeren Bewegungen ausgehen. Das Konzept der Petromaskulinität betrachtet Männlichkeit als eine sozial konstruierte Identität, die »innerhalb einer Geschlechterordnung [zum Vorschein kommt], die Männlichkeit als in Opposition zu Weiblichkeit stehend definiert und auf diese Weise ein Machtverhältnis zwischen Männern und Frauen als Gruppen aufrechterhält«.[33] Im Rückgriff auf R. W. Connells einflussreiches Konzept lässt sich sagen, dass Maskulinitäten stets vielfältig sind und andauernde Auseinandersetzungen darüber mit sich bringen, welche Version der maskulinen Identität sozial dominant beziehungsweise hegemonial wird. Zwar greift Petromaskulinität auf Aspekte einer traditionell hegemonialen Männlichkeit zurück, doch lässt sich ihre Erscheinungsform zugleich weitaus besser als eine Art Hypermaskulinität begreifen, die sich einer »reaktionären Haltung« verpflichtet sieht. »Sie entsteht, wenn sich Akteure hegemonialer Männlichkeit bedroht oder untergraben fühlen und aufgrund dessen das Bedürfnis verspüren, ihre traditionelle Maskulinität aufzublähen, hochzuspielen oder anderweitig zu verzerren.«[34]

Reaktionär ist Petromaskulinität zum Teil auch deshalb, weil sie nicht die einzige zur Auswahl stehende hegemoniale maskuline Identität innerhalb der spätindustriellen USA darstellt; womöglich ist sie hinsichtlich der geschlechtsspezifischen Erfahrungen der Energie- beziehungsweise Elektrizitätssysteme noch nicht einmal die dominierende.[35] So hat sich beispielsweise der Ökomodernismus zu einer anerkannten Umweltdisposition mit mitunter maskulinisierten Dimensionen entwickelt und ist insbesondere innerhalb männlicher Führungsschichten beliebt (man denke an Elon Musk).[36] Anstelle der »Grenzen des Wachstums«-Stimmung der 1970er-Jahre, die zur

Senkung des Energieverbrauchs riet, behaupteten die Ökomodernist*innen, dass »zwischen wirtschaftlichem Wachstum und Umweltproblemen kein Konflikt besteh[e]« und dass (zumeist privatisierte und marktorientierte) technologische Lösungen jedwede Schwierigkeiten zu überwinden wüssten[37] – eine Überzeugung, von der immer noch weite Teile der westlichen Unternehmenskultur eingenommen sind. Wachstum sei nicht nur kein Problem – es sei vielmehr die Lösung, die eigentliche Grundlage für Innovation und Unternehmertum, die wiederum erforderlich seien, um Fehler zu beheben.[38]

Martin Hultman zufolge bildete sich der Ökomodernismus parallel zu einer Verlagerung innerhalb der hegemonialen Männlichkeit im Westen heraus. Diese Verlagerung zeichnet Hultman anhand der sich ändernden Rollen von Arnold Schwarzenegger nach, der sich zu einem der global einflussreichsten ökomodernistischen Protagonisten entwickelt hat. Ältere, industrieverbundene Maskulinitäten, wie sie Arnold Schwarzenegger in seinen jungen Jahren des Machismo und Gewichtstemmens verkörpert hatte, wurden zugunsten der hybriden Maskulinität des kalifornischen Gouverneurs Schwarzenegger, eines ökomodernistischen Verfechters von Brennstoffzellen und mit einem grünen Anstrich versehenen SUVs, verworfen. Der Ökomodernismus trug zu einem neuen Männlichkeitsstil bei, »bei dem Beharrlichkeit, Entschlossenheit und Härte mit situationsgerechten Momenten des Mitgefühls und der Fürsorge vermengt wurden«.[39] Wie Sherilyn MacGregor, die die Maskulinisierung der Klimasicherheit kritisiert, besteht jedoch auch Hultman darauf, dass der Ökomodernismus und die oftmals damit einhergehenden Silicon-Valley-Maskulinitäten »asymmetrisch« in der Art und Weise seien, wie sie diese Werte handhaben würden. So würden Fürsorge und Mitgefühl der Technorationalität, der Beharrlichkeit und dem ökonomischen Wachstum weitgehend untergeordnet bleiben.[40]

Im Gegensatz zu ökomodernistischen Maskulinitäten verachtet die Petromaskulinität jedweden Anschein von Hybridität oder Fürsorge und scheint auch keinerlei Interesse an einem Sunny-California-Technoszientismus an den Tag zu legen.[41] Mag die ökomodernistische Maskulinität also versucht sein, sich an neue Energietechnologien und -kulturen anzupassen – die Petromaskulinität als reaktionäre Haltung hat es darauf abgesehen, den gefährdeten Status quo mit allen Mitteln zu verteidigen und die von angloeuropäischen fossilverbrennenden Männern geschichtlich gestützten Petrokulturen zu verfestigen. Doch obwohl die Petromaskulinität auf Fantasiegebilden des 20. Jahrhunderts gründet, haftet ihrer Hinwendung zu fossilen Brennstoffen keineswegs etwas Nostalgisches an. Denn letztlich ist die sagenumwobene Vergangenheit des arglosen fossilen Brennstoffverbrauchs unwiederbringlich. Mochten in der US-amerikanischen Nachkriegsökonomie fossile Brennstoffsysteme als Mittel fungieren, um ein richtiger Mann zu werden, wurde dies – sofern ihre Verbrennung Gewalt nach sich zog – als bedauerlicher Nebeneffekt hingenommen, von dem privilegierte Konsument*innen keinerlei Kenntnis nehmen sollten. Mittlerweile hingegen führen sie geradewegs in die Ausweglosigkeit, sowohl den Planeten als auch als Zweck für mittelständische Arbeitsplätze. So gesehen kann die Verbrennung fossiler Energieträger nun zu einer bewusst gewaltsamen Erfahrung werden, zu einer neuerlichen Bekräftigung *weißer* maskuliner Macht auf einem widerspenstigen Planeten, der als einer gewaltsamen, autoritären Ordnung zusehends bedürfend wahrgenommen wird.

Eine desaströse Konvergenz. Maskulinität, fossile Brennstoffe und Autoritarismus

Eine politisch-wirtschaftliche Lektüre fossiler Brennstoffsysteme, wie sie etwa von Mitchell und Huber unternommen wurde, ist für das Verständnis der Entstehung des fossilen Autoritarismus unabdingbar. Denn die Bedrohung fossil befeuerter Privilegien kann autoritäre Praktiken anregen, um anhaltende Profite und privilegierte Lebensweisen sicherzustellen. Wie jedoch bereits von einigen angemerkt wurde, dürften fossile Brennstoffe weder für weite Teile der US-amerikanischen Wählerschaft noch für den Planeten wirtschaftlich sinnvoll erscheinen. In den USA bieten Kohleunternehmen nicht mehr die sicheren, hoch bezahlten Arbeitsplätze wie einst – ein Trend, der sich fortsetzen wird, egal, wie engagiert sich jemand wie Trump auch für Kohle einsetzen mag.[42] Selbst Texas, das sich weiterhin an seiner Identität als Öl- und Gastitan berauscht, hat Windenergie energisch ausgebaut und deckt damit mittlerweile mehr als die Hälfte des bundesstaatlichen Strombedarfs.[43] In vielen ehemals fossilgeprägten Regionen der USA, wie etwa den Appalachen oder Texas, sind fossile Brennstoffe weitgehend zu mächtigen konservativen Symbolen verkommen, die für den Großteil der Bevölkerung weniger reale wirtschaftliche Interessen als Autonomie und Selbstversorgung verkörpern.[44]

Zusätzlich zur Betrachtung der politischen Ökonomie fossiler Brennstoffe ist es daher auch wichtig, ihre psychoaffektiven Dimensionen zu begreifen und dabei dem kollektiven Begehren derjenigen Aufmerksamkeit zu schenken, deren Identität am stärksten mit den Petrokulturen verknüpft ist. Dazu soll in diesem Abschnitt das Petromaskulinitätskonzept in einen Dialog mit psychopolitischen Studien zum Autoritarismus gebracht werden. Die Frankfurter Schule beteiligte sich maßgeblich an einflussreichen, sich stark auf die freudsche Analyse stützenden Forschungsprojekten – darunter *Die autoritäre Persönlichkeit* (zu der Adorno beitrug), eine Studie über die faschistische Veranlagung von US-Amerikaner*innen, sowie Erich Fromms *Die Furcht vor der Freiheit*. Diese Texte zielten darauf ab, die Konturen der autoritären Persönlichkeit (einer idealisierten Figuration und weniger die Beschreibung tatsächlicher Menschen) nachzuzeichnen. Viele der autoritären Charakterzüge waren bis zu einem gewissen Grad fester Bestandteil des öffentlichen Lebens, doch sobald sie verstärkt und miteinander verschränkt wurden, beschrieben sie »ein Individuum, dessen Struktur es besonders empfänglich für antidemokratische Propaganda macht«.[45] Und da autoritäres Begehren allerorts zirkuliert, wenn auch mit lokalen Intensitäten, hält sich der Autoritarismus hartnäckig als eine fortwährende Versuchung inmitten demokratischer Kollektive. In diesem Sinne regte Foucault in seinem Vorwort zu Deleuze' und Guattaris *Anti-Ödipus* bekanntermaßen eine konzeptuelle Unterscheidung an zwischen dem »historische[n] Faschismus« und dem »Faschismus, der in uns allen ist, der unsere Gesinnungen und unsere alltäglichen Verhaltensweisen heimsucht, der Faschismus, der uns die Macht lieben und genau das begehren lässt, was uns beherrscht und uns ausbeutet«.[46]

Psychologische Studien zum Autoritarismus im 20. Jahrhundert sollten bestenfalls als Erzählungen spezifischer historischer Bewegungen betrachtet werden und weniger als universelle wissenschaftliche Wahrheiten. Dessen ungeachtet aber ist es möglich, bestimmte Muster daraus herauszulesen. So ist eines der beständigsten Themen, die sich durch westliche autoritäre Bewegungen ziehen, das weitverbreitete Gefühl der *gender anxiety* – insbesondere im Zusammenhang mit Männlichkeit.[47] Patriarchalische Ideale werden geradezu manisch proklamiert (auch von Anhänger*innen, die sich als Frauen identifizieren), doch hinter der Obsession mit Hypermaskulinität verbirgt sich eine tief liegende Angst angesichts der sozialen Fragilität von Maskulinität sowie das allen gemeinsame Gefühl, diesem Ideal persönlich nicht gerecht geworden zu sein. Kapitalistische Krisen wie die weltweite Wirtschaftskrise der 1930er-Jahre oder die Finanzkrise 2008 tun dem keinerlei Abbruch; sie machen es für viele sogar nur noch schwieriger, das essenzielle Emblem moderner Männlichkeit zu erlangen: einen Brotjob. In *The Authoritarian Personality* heißt es, dass die »hoch eingestuften« Männer (jene mit ausgeprägteren autoritären Charakterzügen) in sich selbst »tief sitzende Ängste vor Schwäche« aufweisen. Die Bedeutung von Schwäche für diese Männer scheint in engem Zusammenhang mit intensiven Ängsten vor Nichtmännlichkeit zu stehen. Um sich diesen Ängsten nicht stellen zu müssen, versuchen sie, sich durch verschiedene Abwehrmechanismen gegen Schwäche oder Pseudomaskulinität zu behelfen, wobei mit Pseudomaskulinität »Prahlerei in Bezug auf Charaktereigenschaften wie Entschlossenheit, Tatkraft, Fleiß, Eigenständigkeit, Entscheidungsfreudigkeit und Willensstärke« gemeint ist.[48]

Darüber hinaus ist *gender anxiety* – beziehungsweise das Gefühl maskuliner Schwäche –

mit einem weiteren geläufigen Merkmal der autoritären Persönlichkeit eng verflochten: dem Sadomasochismus. Im Grunde scheint es zwar, als stünde die maskuline Demonstration von Stärke und Unabhängigkeit im Widerspruch zur bedingungslosen Unterwerfung unter eine autoritäre Führung. Wie Fromm jedoch argumentiert, »*wurzelt die Machtgier nicht in der Stärke, sondern in der Schwäche.* [...] Sie ist der verzweifelte Versuch, sekundär zu Stärke zu kommen, wo genuine Stärke fehlt.«[49] Mit anderen Worten spiegelt der Sadomasochismus das Bedürfnis wider, andere zu überwältigen, ein Bedürfnis, das durch die Empfindung der eigenen Ohnmacht hervorgerufen und zugleich gehemmt wird. Das Versäumnis des fossilen Kapitalismus, die *weiße* maskuline Ordnung aufrechtzuerhalten, die er mithilfe von Löhnen und Waren zu errichten half, verstärkt bloß das Gefühl kollektiver Impotenz. Um Macht zu bekunden, ist die machtlose autoritäre Persönlichkeit gezwungen, ihr Verlangen nach Dominanz durch Unterwerfung unter eine stärkere externe Kraft zu subsumieren, sei dies Gott, das Gesetz des Marktes, der militärische Oberbefehlshaber oder ein Tyrann. Oder eben die Verbrennung fossiler Energieträger.

Petromaskulinität weist auf derartige Momente hin und suggeriert, dass sich Maskulinität mithilfe einer gegenüber Öl bezeugten Ehrerbietung neuerdings bekräftigen lasse. Öl selbst spiegelt dabei die widersprüchlichen Impulse von Sadismus und Masochismus wider, die in der von Fossilien geprägten autoritären Persönlichkeit wirken. So ruft *Petro* sowohl die Konnotation der Härte als auch des Fließens auf: Es stammt von dem griechischen Wort für Fels oder Stein,[50] doch als Petroleum[51] meint es die Flüssigkeit, die durch die unter Druck stehende Zersetzung von pflanzlichen und tierischen Stoffen über Millionen von Jahren erzeugt wird. Es steht sowohl für den Tod (Fossilien) als auch für das Leben (Energie, die aus dem Tod gezogen wurde), sowohl für Verdichtung als auch für das Ausströmen.

Als Härte symbolisiert *petro-* den Wunsch, Männlichkeit gerinnen zu lassen und sie vor der Auflösung zu beschützen. Neben *gender anxiety* und Sadomasochismus handelt es sich bei der Rigidität, der Härte, um ein weiteres allgegenwärtiges Merkmal der autoritären Persönlichkeit. In *Männerphantasien*, Klaus Theweleits Studie über die protonazistischen Freikorps, stellt Rigidität ein fortwährendes Thema für den »soldatischen Damm-Mann« dar, der seinen Damm gegen alles Fließende zu schützen sucht:

> Alle angeführten Ströme dürfen für den soldatischen Damm-Mann nicht fließen. Er ist darauf aus, sie am Fließen zu hindern: die

»imaginären« wie die realen Ströme, Spermenstrom und Wunschstrom [...]. Diese Flüsse sind geschlossen und vor allem: Kein Tropfen darf durchsickern durch die Körperhülle ... jedes Tröpfchen Lust bring[t] das System ins Wanken (das System der Dämme)[.][52]

Für das Verständnis von Petromaskulinität ist Theweleit unabkömmlich, da er eine Verbindung zwischen feministischer Theorie und politischer Ökonomie herstellt, zwischen der Angst vor Frauen und der Angst vor Kommunist*innen – beides Ängste, die den frühen Nazis Antrieb verliehen. Mit Rückgriff auf Deleuze und Guattari zeichnet Theweleit die Verbindung der Angst der Freikorps vor dem Strömen mit den Kräften der Industrialisierung nach.

Hier nun lässt sich allmählich erahnen, welche Rolle fossilen Brennstoffen innerhalb autoritären Begehrens zukommt. Theweleit beschreibt, wie die Industrialisierung »eine unbekannte Entgrenzung der Produktionsmöglichkeiten der Menschen schafft [und] Geld-, Waren-, Arbeiterströme in Gang setzt«.[53] Parallel dazu laufe jedoch »ein gesellschaftlicher Prozess der *Begrenzung*«, den die kapitalistische Elite gegen die »Entfaltung der menschlichen Lüste« einrichte, um immer mehr Überschüsse zu erzielen und so »die neuen Produktionsmöglichkeiten nicht zu neuen Freiheiten der Menschen werden zu lassen«.[54] Dabei ist es transgressiven Begierden, die nicht durch Geld codiert sind, nicht erlaubt zu fließen – insbesondere gilt dies für queeres Begehren oder unkontrollierte Begierde von Frauen. Theweleit argumentiert, dass es das westliche Bild der Frau sei, ein Bild, das »irgendwie im Wasser« lebe,[55] das für den Strom *qua* Strom, für all das, was dem männlichen Ego zu entweichen und es aufzulösen drohe, einzustehen habe. In ihrem Vorwort zu der englischen Ausgabe der *Männerphantasien* merkt Barbara Ehrenreich an, dass »Frauenkörper die Löcher, Sümpfe, Jauchegruben sind, die verschlingen können«,[56] und daher, womöglich mehr als irgendjemand oder irgendetwas sonst, Abscheu und Angst auslösen würden.

Die Eindämmung des autoritären Körpers, wie auch des Staates, gegenüber dem Begehren wird als Notwendigkeit gerechtfertigt, um seine Stärke zu behüten und seine Energien ordnungsgemäß in produktive Bahnen zu lenken. Allzu viel Strömen, allzu viel Begehren zehre seine »Energie« auf, lasse sie in verschwenderische, sumpfige Nebenflüsse sickern und drohe, ihn nachgiebig und effeminiert werden zu lassen. Aus diesem Grund sei Rigidität besonders dann erforderlich, wenn die Energie selbst bedroht werde. Eine solche Rigidität – oftmals als Eindämmung des männlichen Körpers praktiziert – taucht überall da von Neuem auf, wo sich der Autoritarismus einschleicht. In der ersten Auflage von *The Reactionary Mind* beispielsweise bemerkt Corey Robin, dass US-amerikanische Konservative die Überzeugung teilten, die USA seien seit dem New Deal verweichlicht, da der Wohlfahrtsstaat

> die Energie und patriarchalische Kraft der Nation aufzehrte. Anstelle von strammen Ehemännern und unerschütterlichen Vätern, die Ehefrauen und Kinder kontrollierten, schmissen nun lispelnde Bürokrat*innen und Sozialarbeiter*innen den Laden. Der Zweite Weltkrieg spitzte das Problem noch zu: Da so viele Männer an der Front waren und die Frauen in den Fabriken arbeiteten, wurde die männliche Autorität zusätzlich untergraben.[57]

Die Antwort auf die Queerness und Verweichlichung der USA bestand darin, das Land wieder abzuhärten, das Begehren streng in die Ströme von Heterosexualität und Geld einzuspeisen und jedwede übermäßigen Wünsche in Gewalt zu überführen.[58]

Protofaschistische Bewegungen in den USA, die Trumps Wahlsieg feiern, koppeln maskuline Rigidität gleichermaßen mit Gewalt. Als protoautoritärem Anführer wird allein Trump Laxheit in Bezug auf sein Verhalten zugestanden; seine »pseudomaskulinen« Prahlereien mit sexuellen Abenteuern und aggressiver Geschäftemacherei dienen als Kanäle, durch die die aufgestauten Begierden seiner Anhängerschaft abgeleitet werden.[59] Demgegenüber ist sein Stellvertreter Mike Pence übermäßig, ja geradezu lächerlich rigide und antisexuell und wird von Evangelikalen dafür gefeiert, dass er es sogar vermeidet, Zeit allein mit einer Frau zu verbringen, die nicht die seine ist. Wie aber steht es nun um Trumps Anhänger*innen? Zwar bedarf es weiterer empirischer Studien, doch eine von Hass getriebene Gruppierung namens The Proud Boys bietet bereits ein anschauliches, wenn auch vorläufiges Beispiel. Die Proud Boys sind eine *weiße* Männerorganisation, die mit den faschistischen Ausschreitungen in Charlottesville, Virginia, im Jahr 2017 assoziiert wird und deren Mitglieder für die Wiederherstellung traditioneller Geschlechterrollen durch »Verehrung der Hausfrau« einstehen.[60] Ihre Plattform verkehrt die Schmach *weißen* Konsums und Imperialismus: Um die erste der drei »Qualifikationen« zu erlangen, die nötig sind, um der Gruppe beizutreten, deklariert der Anwärter: »Ich bin ein westlicher Chauvinist, und ich weigere mich, mich für die Schaffung der modernen Welt zu entschuldigen.« Die zweite Qualifikation besteht darin, eine Tracht Prügel zu ertragen, während man die Namen von Frühstückscerealien aufzählt, sowie im »nicht wichsen« (*»no wanks«*) beziehungsweise in der Beschränkung der Masturbation auf höchstens einmal im Monat – eine Praktik, bei der es sich laut einem Proud Boy »eher um ein religiöses Gesetz« handelt. Das Gruppenmitglied Dante erklärt, dass »[Masturbation] mich betäubt. Es betäubt meine Männlichkeit.«[61] Die letzte, die dritte Qualifikation besteht darin, sich ein Proud-Boys-Tattoo stechen zu lassen.

White-Power-Gelöbnisse, Frühstückscerealien und Masturbation mögen auf den ersten Blick wie pubertäre Albernheiten erscheinen, aber im Kontext von Trumps US-Amerika ist damit keineswegs zu spaßen. Als Initiationsriten weichen sie nicht ab von Theweleits Analyse der körperlichen Praktiken protofaschistischer Gruppierungen. Indem sie die Prügel unbeeindruckt über sich ergehen lassen und ihre Selbstbefriedigung einschränken (wodurch der Körper unnachgiebig werden soll), beabsichtigen die Proud Boys, ihre Männlichkeit zu steigern und im Gegenzug mehr Erfolg bei »echten« Frauen zu haben. Allerdings bleiben diese Frauen, ähnlich wie bei den Freikorps, imaginierte, mit Demütigung drohende Figuren im Off. Hinter dem Rigiditätskalkül lauert ein Gefühl persönlichen Versagens; eine Frustration *weißer* Männer, die sich abmühen, eine Hausfrau zu finden, die gewillt wäre, Rezipientin ihrer Ehrerbietung zu sein. Die Journalistin Zoe Chace, die Gruppenführer der Proud Boys interviewt hat, erklärt, dass es die Funktion von Rigidität zu sein scheine, die Männer dazu zu inspirieren, »auszugehen, Frauen anzusprechen und sie dann zu heiraten, sich fortzupflanzen, starke US-amerikanische Familienväter zu werden und die natürliche Ordnung der Dinge, die vom Feminismus aus dem Gleichgewicht geworfen wurde, wiederherzustellen«.[62]

Auch wenn wohl nur wenige rechtsextreme Gruppierungen, einschließlich der Proud Boys, fossile Brennstoffe explizit zum zentralen Movens erheben, ist es wichtig, ihre frauenfeindliche Rigidität in Relation zu den brennstoffgetränkten Exzessen ihrer angebeteten Oberhäupter zu betrachten. Durch die theweleitsche Linse besehen, ist der Unterschied zwischen Trumps Begrapschen, Pences patriarchalischer Lauterkeit und dem #nowanks der Proud Boys gar nicht so groß, wie es zunächst den Anschein haben mag: Trump allein kann strömen. Mit seinen Supermodel-Frauen und den angeblichen Affären mit Pornostars lebt er die Fantasien seiner Anhänger*innen aus.[63] Die stellvertretende Freisetzung gehemmter patriarchalischer Vitalität vermittels der sexuellen Leistungsfähigkeit des autoritären Führers stellt jedoch bloß eine Methode dar, das Begehren in neue Bahnen zu lenken. Wie bei Theweleit gilt: Je intensiver die eigenen produktiven Begierden eingedämmt werden, umso mehr sehnt man sich nach der gewaltsamen, explosiven Freisetzung der Ströme an anderer Stelle, und zwar der destruktiven anstatt der produktiven Ströme.

Petro: sowohl hart als auch weich. Sowohl Verhärtung toxischer Männlichkeit als auch schmierige, tödliche Ströme (Öl, Benzin), die als psychologische Kompensation für diese Selbstdisziplinierung entfesselt werden. Wie die Grausamkeit der Freikorps oder die von Robin analysierte lautstarke Forderung, die im Anschluss an den 11. September Inhaftierten zu foltern, bietet sich die Verbrennung fossiler Energieträger im Zeitalter globaler Erwärmung als eine kompensatorische Gewaltpraktik an. Fossile Brennstoffsysteme bieten einen Bereich für den explosiven Kontrollverlust und für all die damit einhergehenden Freuden – Bohren, Graben, Fracking, Gipfelabsprengen, Dieseltrucks. Oder in den Worten von Sarah Palin: »Drill, Baby, drill!«[64]

Praktischerweise ist die Ästhetik fossiler Brennstoffe – insbesondere des Öls – bereits wie geschaffen für eine Umcodierung in einen Ausdruck sexualisierter Macht und orgasmischer Befriedigung. Die Parallelen zwischen Vergewaltigung und Extraktivismus wurden hinlänglich dokumentiert.[65] Stephanie LeMenager beschreibt das

»grundlegende Bündnis des Öls mit dem Erdkörper und also mit der Durchlässigkeit, dem Exzess und der Vielfalt aller Körper«, wodurch »das Spektakel des aus der Erde sich ergießenden Öls göttliche oder satanische Ursprünge nahelegt, eine Gegebenheit, die ihm einen inhärenten, von sozialen Beziehungen losgelösten Wert verleiht«.[66] Auch in Upton Sinclairs Roman *Öl!* entdeckt LeMenager, wie ein sprudelndes Bohrloch zur orgasmischen Frau wird (»There she came«),[67] während »für den dreizehnjährigen männlichen Erzähler Verschmutzung und Verschwendung im industriellen Maßstab zu Erregung und vorzeitiger Ejakulation führen«.[68]

Ein psychopolitisches Verständnis des Autoritarismus und seiner Forderung nach maskuliner Rigidität zeigt die soziale Funktion und den Nutzen auf, der aus einer solchen petrosexuellen Gewalt gezogen werden kann. Beispielsweise hat sich die fossile Brennstoffindustrie der Vergeschlechtlichung fossiler Brennstoffe auf diese Weise ausgiebig bedient. Shannon Elizabeth Bell beschreibt, wie es der Kohleindustrie, obwohl sie den Gemeinden rund um die Appalachen weniger Sozialleistungen bot, mithilfe der einflussreichen PR-Kampagne »Friends of Coal« gelang, deren Rückhalt weiterhin für sich in Anspruch nehmen zu können. Diese Freunde der Kohle trieben starken Handel mit aggressiven maskulinen Symbolen, verknüpften so Kohle mit Football, mit der Nationalen Vereinigung für Stock-Car-Rennen (NASCAR), mit Jagen, Fischen, mit dem Militär und anderen »Versorger und Beschützer«-Sinnbildern, sodass »durch die Untermauerung des hegemonialen Bildes des Ernährers aus der Arbeiterklasse als Mann, und zwar als eines besonders *maskulinen* Mannes, die Bilder dieser Reklamemaßnahme den Prozess erleichterten, die Kohleindustrie zum Synonym für den Familienversorger werden zu lassen«.[69] Auf ähnliche Weise äußert sich Trumps erklärte Liebe für Kohle am häufigsten durch den Diskurs, Bergarbeiter*innen Arbeit zu verschaffen – ein Versprechen, das bei Gemeinden, die darauf getrimmt sind, Bergbaujobs mit männlicher Identität zu assoziieren, auf große Resonanz stößt. Anders ausgedrückt: Trump und seine Anhänger*innen »stehen auf Kohle« (»dig coal«, ein populärer Wahlkampfslogan), handelt es sich bei ihr doch um eine Ikone männlicher Selbstwertsteigerung.

Ein weiterer aktueller Trend, »Rolling Coal«, veranschaulicht geradezu mustergültig die als maskulinisierte Macht erlebte Gewalt fossiler Brennstoffe. Rolling Coal bedeutet, einen Dieselmotor so nachzurüsten, dass sein Motor mit überschüssigem Treibstoff geflutet wird, wodurch dichte schwarze Rauchwolken entstehen. Die Kohle, die dabei nicht im eigentlichen Sinne verbrannt wird, fungiert als Symbol der industriellen Macht, die sich als Luftverschmutzung äußert. Der Truck wird zu seiner eigenen Minifabrik mitsamt Rauch ausstoßenden Schornsteinen; der Fahrer wird zum Kohlebaron. War Rolling Coal innerhalb der Welt des Dieseltruckrennsports seit Langem schon populär, fand die Praxis 2014 ihren Weg auch auf die Straßen, und zwar als konservativer Protest gegen Umweltschutz, gegen die Environment Protection Agency (EPA) und, kurz darauf, gegen Anti-Trump-Demonstrierende.

Abzuschätzen, wie oft es wirklich praktiziert wird, ist nicht ganz einfach, doch Rolling Coal ist mittlerweile geläufig genug, als dass manche Bundesstaaten, darunter New Jersey, Maryland und Colorado, Maßregeln verabschiedet haben, die es ausdrücklich untersagen.[70] Die Gesundheits- und Umweltbehörde von Colorado richtete darüber hinaus eine »Rauchschule« [*smoke school*] ein, die Polizeibeamt*innen in der Durchsetzung des Verbots schulen soll.[71] Auf Instagram finden sich zu zwei der meistbenutzten Rolling-Coal-Schlagworte bereits weit über dreihunderttausend Posts,[72] während Zehntausende nutzergenerierte Videos (vorrangig) Männer zeigen, die Radfahrer*innen, Demonstrierenden und Hybridautos – insbesondere Prius-Modellen, die weithin als Symbol grünen Konsums betrachtet werden – als »Abwehrmittel« Rauch entgegenblasen. Gender und *race* spielen bei der Auswahl der zur Zielscheibe Erklärten ebenfalls eine Rolle; großen Anklang findet es beispielsweise, gegen »Reisbrenner« (Autos aus asiatischer Produktion)[73] und ahnungslose weibliche Fußgängerinnen (»heiße Girls«)[74] »Kohle zu rollen«; ein Kommentator nannte die Videos treffenderweise »Verschmutzungspornos«.[75] Ein hypermaskuliner Diskurs umgibt die Praxis (»Es ist bloß so ein Testosteronding. Es ist Männlichkeit«, sagte Sean Miller gegenüber der Zeitschrift *Slate*).[76]

Zuschauer*innen und Coal-Rollers bekunden ihr Gefallen am Lärm, Geruch und an der Schönheit des Rauchs, die ihnen allesamt ein Gefühl von Macht vermitteln, das, nicht ganz zufällig, so scheint mir, in direktem Zusammenhang mit den gewaltsamen Auswirkungen des Rauchs steht. Ein Mann sagte gegenüber *Vice News*, dass die Leute Coal-Rolling betrieben, weil es sich gut anfühle: »Wenn man da so sitzt und dann die Pferdestärke hören und sehen kann, dann macht das was mit den Leuten ringsum. Es macht sie aufgedreht. Das passiert ganz selbstverständlich, aber es hat diesen ehrfürchtigen Effekt.«[77] Die *Denver Post* beschrieb Rolling Coal als »eine Möglichkeit, sich auf Kosten anderer Menschen zu amüsieren«[78] – eine treffende Beschreibung der Begierden, die Petromaskulinität mit Leben erfüllen.

Ob es nun die Proud Boys sind, die sich für *weißen*, westlichen Chauvinismus aussprechen, oder die Coal-Rollers, die sich an unübersehbarer Umweltverschmutzung ergötzen[79] – Trumps Prägung des fossilen Autoritarismus fühlt sich gut an, eben weil sie die Zwänge liberaler westlicher Scheinheiligkeit sprengt. Denn trotz der gelegentlichen Vorspiegelung von Ahnungslosigkeit bezieht der fossile Autoritarismus seinen Kick gerade daraus, dass der Verbrauch fossiler Brennstoffe in Zeiten der globalen Erwärmung unbestreitbar zerstörerische Wirkung zeitigt. Fossile Brennstoffe zu kontrollieren und von fossilen Brennstoffen kontrolliert zu werden fühlt sich als Praxis der Macht/des Überwältigtseins gut an, insbesondere da es zu einem Spiel auf Leben und Tod geworden ist, zu einem Liebäugeln mit der Apokalypse. Fossile Gewalt wird ins Rampenlicht gezerrt und gefeiert – eine willkommene Abwechslung von all den Schuldgefühlen, der Resignation und oft auch der Lähmung, die den Westen angesichts der globalen Erwärmung ansonsten fest im Griff haben. Vermittels einer befriedigend einfachen moralischen Taxonomie reduziert sich der Kreis der Besorgnis auf einen kleinen Bereich, und zwar auf die Vergnügungen des *weißen* Paterfamilias, der sich als der einzige Garant für das Wohlergehen seiner rechtmäßigen Haushaltsmitglieder (das heißt *weiße* Frauen, Haustiere, Trucks, *weiße*

Kinder, *weiße* Nachbar*innen) erweist. Der Paterfamilias ist berechtigt, jedes ihm zur Verfügung stehende Gerät – Kohle, Öl, Prepper-Bunker, Waffen, Grenzmauern – einzusetzen, um seinen Haushalt gegen aufrührerische Fremde abzusichern.

Wenn es um Petromaskulinität geht, lässt sich die Leugnung des Klimawandels demnach bestenfalls anhand des Begehrens verstehen und weniger als ein Versagen der wissenschaftlichen Vermittlung oder der Vernunft. Mit anderen Worten: Das Festhalten an der Rechtschaffenheit eines auf fossilen Brennstoffen beruhenden Lebensstils und all der auf sie angewiesenen Hierarchien erzeugt das Verlangen, den Klimawandel nicht nur zu leugnen, sondern sogar abzulehnen. Den Klimawandel abzulehnen unterscheidet sich davon, ihn zu ignorieren, was einige Menschen, die seine Realität ansonsten anerkennen, machen.[80] Etwas zu ignorieren kann zwar ebenfalls gefährlich sein, doch handelt es sich dabei um eine passive Disposition, die oft mit Gefühlen von Frustration, Verwirrung oder sogar Angst einhergeht. Ablehnung hingegen ist aktiv. Ungehalten. Sie verlangt Einsatz. Im Falle des Klimawandels bedeutet Ablehnung auch die Zustimmung zu einem verstärkten Investment in Petrokulturen. Die Ablehnung kann sich nicht länger mit der Verteidigung des Status quo begnügen, sondern muss dazu übergehen, fossile Brennstoffsysteme bis zum letzten Moment zu intensivieren, was häufig den Rückgriff auf autoritäre Politik erforderlich macht.

Das Konzept der Petromaskulinität macht uns auf zusätzliche psychopolitische Katalysatoren aufmerksam, die einer bewaffneten Rettungsbootpolitik [*armed lifeboat politics*] im Westen Antrieb verleihen könnten. Genauer gesagt, wird autoritäres Begehren vermutlich nicht nur durch das Auftauchen von Anderen – etwa Klimaflüchtende aus dem Globalen Süden – an den Grenzen geschürt, sondern auch als Reaktion auf ausgemachte Feinde innerhalb des Staats, seien sie menschlich oder nichtmenschlich. Damit können bedürftige People of Colour in von Hurrikans verwüsteten Städten wie New Orleans oder Houston genauso gemeint sein wie feministische und Umweltgerechtigkeitsbewegungen, die es sich zur Aufgabe gemacht haben, toxischer Männlichkeit und Brennstoffen das Wasser abzugraben; doch kann der Feindbegriff auch die globale Erwärmung, Megastürme, die Versauerung der Ozeane, das Fischsterben und andere Phänomene, die als Affront gegen die Resilienz fossiler Brennstoffe erscheinen, umfassen. Neben der Möglichkeit, dass sich die Gewalt gegen Bedürftige richtet, sollten wir gleichermaßen achtsam jenen Momenten gegenüber sein, in denen zugleich genderspezifische und durch den Klimawandel angeregte Gewalt auftritt und die Bekräftigung von Genderbinaritäten oder Heteronormativität mit der Bewaffnung von Rettungsbooten einhergeht.

Schluss: Gewalt und Misogynie fossiler Brennstoffe

Das Leben mit fossilen Brennstoffen war immer schon gewaltsam, doch wurden stets große Anstrengungen unternommen, das dadurch verursachte Leid nicht an die Oberfläche dringen zu lassen und es den US-amerikanischen Konsument*innen möglichst vorzuenthalten. Das industrielle, kapitalistische, den eigenen Dreck verbergende System mit seinen unter der Erde verlaufenden Rohren, ausgelagerten Abfällen, ozeanischen Müllhalden und Buchhaltungsfantasien steht jedoch kurz vor dem endgültigen Kollaps. Das unsichtbar gemachte Elend bricht hervor, reißt Mauern und Deiche nieder und bahnt sich seinen Weg zurück in die sorgsam keimbefreiten Zentren des Privilegs. Mittlerweile fällt es immer schwerer, den westlichen Glauben an den undurchdringlichen Körper und daran, dass derlei Körper »wie kleine Hobbits im Schutz des Baues eingemummelt« seien, wie Timothy Morton es charmant beschreibt, aufrechtzuerhalten.[81]

Den undichten Stellen im Mauerwerk kann entweder mit Aufnahmebereitschaft oder Feindseligkeit begegnet werden. Die meisten umweltsensiblen Forscher*innen und Aktivist*innen bemühen sich um Ersteres. Ihr Ziel ist es, eine Ethik und die emotionale Fähigkeit für das Leben auf einer Erde zu entwickeln, die von radikalen Veränderungen und periodischem Massensterben geprägt ist, ohne sich in Nihilismus oder Transzendentalismus zu flüchten.[82] Dafür wird eine ganze Palette an kreativen Vorschlägen aufgefahren, von denen ein jeder nach weniger anthropozentrischen und besser auf Tod und Verfall abgestimmten Lebenswegen sucht: »inmitten der kapitalistischen Ruinen« zu leben,[83] »postum zu leben«,[84] »im Anthropozän sterben zu lernen«,[85]»zu versuchen, besser zugrunde zu gehen«,[86] »die eigenen Monster zu lieben«,[87] queere Futurität und Scheitern, Verwandtschaft zu schaffen statt Babys[88] oder Kunst als »Trauerarbeit« zu betreiben für das, was »nach dem Ende der Welt« kommt.[89]

Trauerarbeit kann jedoch ausgesprochen unattraktiv sein, vor allem, wenn Vermeidungsstrategien leicht zur Hand sind. Das Hauptproblem, mit dem sich die genannten Vorschläge konfrontiert sehen, ist dasjenige des Begehrens. Während diese Schwierigkeit bereits gebührend gewürdigt wurde, stehen wir erst am Anfang, uns alternative Begehrensstrategien für die neue Erde auszudenken. Die Durchlässigkeit unserer Körper und der in das moderne Leben einsickernde Abfall mögen die Realität unserer Existenz darstellen; und mögen wir auch überzeugt davon sein, dass wir uns darum kümmern sollten, rufen sie doch eher Ekel hervor, als dass sie reizvoll erscheinen. Sobald sich dann die undichten Stellen vervielfachen und die neoliberale Taktik ins Straucheln gerät, kann der Wunsch, den Körper und den Staat abzudämmen, zu einem autoritären Drang werden, zu einem Wahn von einer gesäuberten Zukunft. Insofern kann das Leben in den Ruinen ebenso Wut wie Großmut hervorrufen. Und Rolling Coal und andere Methoden der Verbrennung fossiler Treibstoffe können dabei zu verlockenden Waffen werden, um Rache an jenen Kräften zu üben, die die petropatriarchale Ordnung bedrohen.

Fossile Gewalt malträtiert ganz offensichtlich die Erde (die in der westlichen Vorstellung immerzu mit Weiblichkeit in Verbindung gebracht wird), doch sollte sie auch als frauenfeindliche Taktik wahrgenommen werden, sofern wir Kate Manne folgen und Misogynie nicht als individuelle Überzeugung – den Hass auf Frauen –, sondern vielmehr als eine Reihe von Praktiken betrachten, als »das System, das [die Normen der patriarchalischen Herrschaft] *durchsetzt* und überwacht«.[90] Manne argumentiert, dass es die traditionelle Definition von Misogynie als eine extreme Überzeugung übermäßig schwierig mache, ihr Vorhandensein überhaupt festzustellen. Zu sehr würden wir uns in Debatten über die wahren Bedeutungen und Absichten eines Täters verstricken. Wenn Frauenfeindlichkeit jedoch als kontrollierende Praxis verstanden werde, verschiebe sich der Fokus von der Entschlüsselung der Weltanschauung der misogynen Person auf die Beschreibung des Leidens der Leidtragenden, wodurch Raum für strukturelle und direkte Manifestationen von Gewalt geschaffen werde. Wendet man nun Mannes Logik der Misogynie an, wird es um ein Vielfaches einfacher, das Muster allgegenwärtiger Aggression zu erkennen und zu bekämpfen, das Frauen und das Personen, die als von der geschlechtlichen Norm abweichend wahrgenommen werden, erfahren.

Mannes Fokus liegt nachvollziehbarerweise vorwiegend auf Frauen als dem primären Ziel von Misogynie, insbesondere wenn sie dem Anschein nach patriarchale Normen überschritten haben und/oder wenn sie sich mit anderen marginalisierten Identitäten überschneiden (Schwarze Frauen, queere Frauen oder Transfrauen sind beispielsweise am stärksten gefährdet). Ich sehe jedoch keinen Grund, Mannes hilfreiche Rekonzeptualisierung von Misogynie nicht auch mit Ökofeminismus in Dialog zu bringen, um all die Formen von Gewalt zu analysieren, die im Namen der Überwachung der Normen des *weißen* westlichen Patriarchats ausgeübt werden. Und mitunter zählen dazu eben auch einige Fälle von Gewalt gegen den Planeten und seine Ozeane, Kreaturen, Wasserläufe und Berge.

Fossile Gewalt als frauenfeindlich zu beschreiben ist keineswegs gleichzusetzen mit der Behauptung, dass geschlechtsspezifische Normen eine vollumfängliche Erklärung für die Konsumtion fossiler Brennstoffe und den damit einhergehenden Autoritarismus liefern könnten. Stattdessen geht es darum, anzuerkennen, dass Geschlechtsidentitäten ein wenig mit den Freuden des brennstoffgetränkten Lebens zu tun haben und eine ganze Menge mit den extremen Varianten des fossilen Autoritarismus. Denn die Gewinnung und der Verbrauch fossiler Brennstoffe können als Darbietung von Maskulinität fungieren, selbst wenn sie zugleich den Interessen des fossilen Kapitalismus dienen. In ähnlicher Weise unterstreicht das Konzept der Petromaskulinität, dass die globale Erwärmung manchmal als Riss im patriarchalen Damm interpretiert werden kann. Es macht uns auf die Möglichkeit aufmerksam, dass die Klimakrise das faschistische Begehren katalysieren kann, einen Lebensraum zu sichern, einen Haushalt, der verbarrikadiert ist vor dem Gespenst des bedrohlichen Anderen, egal, ob es sich dabei um

Schadstoffe, Immigrant*innen oder um von der geschlechtsspezifischen Norm abweichende Personen handelt. Petromaskulinität ernst zu nehmen heißt, auf die durchkreuzten Begierden privilegierter Patriarchate achtzugeben, sobald sie ihre fossilen Fantasien einzubüßen beginnen.

Anmerkungen

Einleitung

1 Bill McKibben, »Global Warming's Terrifying New Math«, in: *Rolling Stone* (19.7.2012), {www.rollingstone.com/politics/politics-news/global-warmings-terrifying-new-math-188550/}, letzter Zugriff 14.9.2022.
2 Jairus Grove, »The New Nature«, in: *Boston Review* (11.1.2016), {bostonreview.net/forum/new-nature/jairus-grove-jairus-grove-response-jedediah-purdy}, letzter Zugriff 14.9.2022.
3 Anthony Burke u. a., »Planet Politics: A Manifesto from the End of IR«, in: *Millennium. Journal of International Studies* 44, 3 (2016), S. 507.
4 Ich möchte der/dem Gutachter*in danken, die*der mir eine Auseinandersetzung mit Buxton und Hayes nahegelegt hat.
5 Christian Parenti, »The Catastrophic Convergence. Militarism, Neoliberalism and Climate Change«, in: Ben Hayes, Nick Buxton (Hg.), *The Secure and the Dispossessed. How the Military and Corporations Are Shaping a Climate-Changed World*, London 2016, S. 23–38, hier S. 35.
6 Christian Parenti, *Im Wendekreis des Chaos. Klimawandel und die neue Geografie der Gewalt*, Hamburg 2013.
7 Dies bildet den Fokus des gerade im Entstehen begriffenen Bereichs der Energy Humanities. Siehe bspw. Sheena Wilson, Adam Carlson, Imre

Szeman (Hg.), *Petrocultures. Oil, Politics, Culture*, Montreal 2017; Stephanie LeMenager, *Living Oil. Petroleum Culture in the American Century*, New York 2016; Matthew T. Huber, *Lifeblood. Oil, Freedom, and the Forces of Capital*, Minneapolis 2013; Timothy Mitchell, *Carbon Democracy. Political Power in the Age of Oil*, London 2013.

8 Aaron M. McCright, Riley E. Dunlap, »Cool Dudes. The Denial of Climate Change among Conservative White Males in the United States«, in: *Global Environmental Change* 21, 4 (2011), S. 1163–1172. Ich möchte mich bei der/dem Gutachter*in bedanken, die/der mich auf diese Studie hingewiesen hat.

9 Hierbei stütze ich mich auf die feministische Forschung über die geschlechtsspezifische Dimension von Gewalt. Siehe bspw. Laura Sjoberg, »Gender/Violence in a Gendered/Violent World«, in: *Millennium* 42, 2 (2014), S. 532–542; Paul Kirby, Marsha Henry, »Rethinking Masculinity and Practices of Violence in Conflict Settings«, in: *International Feminist Journal of Politics* 14, 4 (2012), S. 445–449; Paul Kirby, »How Is Rape a Weapon of War? Feminist International Relations, Modes of Critical Explanation and the Study of Wartime Sexual Violence«, in: *European Journal of International Relations* 19, 4 (2012), S. 797–821; Annick T. R. Wibben, *Feminist Security Studies. A Narrative Approach*, London u. New York 2011.

10 Christina Shaheen Moosa, Nancy Tuana, »Mapping a Research Agenda Concerning Gender and Climate Change. A Review of the Literature«, in: *Hypatia* 29, 3 (2014), S. 677–694; Chris Cuomo, »Climate Change, Vulnerability, and Responsibility«, in: *Hypatia* 26, 4 (2011), S. 690–714; Seema Arora-Jonsson, »Virtue and Vulnerability. Discourses on Women, Gender, and Climate Change«, in: *Global Environmental Change* 21, 2 (2011), S. 744–751; Julie Nelson, »Economists, Value Judgments, and Climate Change. A View from Feminist Economics«, in: *Ecological Economics* 65, 3 (2007), S. 441–447; Sherilyn MacGregor, »›Gender and Climate Change‹. From Impacts to Discourses«, in: *Journal of the Indian Ocean Region* 6, 2 (2010), S. 223–238.

11 MacGregor, »›Gender and Climate Change‹«.

12 Ironischerweise stellt Hultman fest, dass sich Raewyn Connells frühe Arbeit (»A Whole New World«, Fn 32) zur Einführung des Konzepts der »hegemonialen Männlichkeit« auf das Beispiel von Männern in Umweltbewegungen konzentrierte. Hultman nennt auch die Forschung innerhalb der Rural Studies zu Maskulinität und Umwelt als eine wichtige Ausnahme. Siehe bspw. Shannon Bell, Yvonne Braun, »Coal, Identity, and the Gendering of Environmental Justice Activism in Central Appalachia«, in: *Gender & Society* 24, 6 (2010), S. 794–813; Shannon Bell, Richard York, »Community Eco-

nomic Identity. The Coal Industry and Ideology Construction in West Virginia«, in: *Rural Sociology* 75, 1 (2010), S. 111–143.

13 Sherilyn MacGregor, »A Stranger Silence Still. The Need for Feminist Social Research on Climate Change«, in: *The Sociological Review* 57, 2 (2009), S. 124–140.

14 Parenti, *Im Wendekreis des Chaos*, S. 15.

15 Selbst die Beschränkung auf die USA birgt die Gefahr einer allzu starken Vereinfachung, da die Vergeschlechtlichung von fossilen Brennstoffen auch innerhalb einzelner Regionen variiert, wie es bspw. zwischen den Kohlebergleuten in den Appalachen und der Tech-Kultur im Silicon Valley der Fall ist.

16 Kate Manne, *Down Girl. Die Logik der Misogynie*, Berlin 2019.

Fossile Brennstoffe und autoritäre Politik

17 John Asafu-Adjaye u. a., »Ein ökomodernes Manifest«, in: *The Breakthrough Institute* (April 2015), {thebreakthrough.org/manifesto/ein-ökomodernes-manifest-deutsch }, letzter Zugriff 9.11.2022.

18 Dipesh Chakrabarty, »Das Klima der Geschichte: Vier Thesen«, in: ders., *Europa als Provinz. Perspektiven postkolonialer Geschichtsschreibung*, Frankfurt/M. 2010, S. 169–196, hier S. 181.

19 Mitchell, *Carbon Democracy*.

20 Robert Vitalis, *America's Kingdom. Mythmaking on the Saudi Oil Frontier*, Palo Alto 2007.

21 Andreas Malm, *Fossil Capital. The Rise of Steam Power and the Roots of Global Warming*, Brooklyn 2016, S. 257.

22 Siehe hierzu etwa Aimé Césaire, *Über den Kolonialismus*, Berlin 2017; Walter Mignolo, *The Darker Side of Western Modernity. Global Futures, Decolonial Options*, Durham 2011; Sylvia Wynter, »Unsettling the Coloniality of Being/Power/Truth/Freedom. Towards the Human, After Man, Its Overrepresentation – An Argument«, in: *CR. The New Centennial Review* 3, 3 (2003), S. 257–337; Frantz Fanon, *Die Verdammten dieser Erde*, Frankfurt/M. 1981; W. E. B. DuBois, »Worlds of Color«, in: *Foreign Affairs* 3, 3 (1925), S. 423–444.

23 Jairus Grove schreibt, dass »die Geschichte weder eine Reihe von schöpferischen Zerstörungen noch zerstörerischen Schöpfungen ist, als ob man entweder der Schöpfung oder der Zerstörung den Vorrang als treibende Kraft der Existenz geben könnte«. Jairus Grove, »Of an Apocalyptic Tone Recently Adopted in Everything: The Anthropocene or Peak Humanity?«, in: *Theory & Event* 18, 3 (2015), o. S., {muse.jhu.edu/article/586148}, letzter Aufruf 15.9.2022; sowie ders., *Savage Ecology. War and Geopolitics at the End of the World*, Durham, London 2019, S. 247.

24 Césaire, *Über den Kolonialismus*, S. 32 f. (Hvh. i. O.)

25 »White Haze«, in: *This American Life*, National Public Radio (22.9.2017), online unter: {thisamericanlife.org/626/white-haze}, letzter Zugriff 9.11.2022.

26 Den Begriff »Petro-Nostalgie« entlehne ich einem Gespräch zwischen Dominic Boyer, Cymene Howe und Timothy in dem Podcast »Cultures of Energy«, Episode 57 (16.2.2017), in: {cenhs.libsyn.com/ep-57-timothy-mitchell}, letzter Zugriff 9.11.2022.

27 Huber, *Lifeblood*, S. 33.

28 Siehe hierzu Iain A. Boal u. a., *Afflicted Powers. Capital and Spectacle in a New Age of War*, New York 2005; Daniel Yergin, *Der Preis. Die Jagd nach Öl, Geld und Macht*, Frankfurt/M. 1993; Mitchell, *Carbon Democracy*; Huber, *Lifeblood.*

29 Robert Vitalis weist nach, wie US-amerikanische Ölfirmen diese Regelungen in Saudi-Arabien einführten. Siehe Vitalis, *America's Kingdom.*

30 So wird beispielsweise in den US-amerikanischen Medien oft ausführlich über den Anstieg der Treibstoffpreise an den Tankstellen berichtet, und es hat sich gezeigt, dass sich solch ein Anstieg auf die Zustimmungsraten für den Präsidenten auswirkt. In einer Umfrage des Markt- und Meinungsforschungsinstituts Gallup Organization im Jahr 2005, die zum Zeitpunkt des Kraftstoffpreisanstiegs durchgeführt wurde,

stimmten acht von zehn Amerikaner*innen zu, dass die hohen Benzinpreise »ungerecht« seien, und eine Mehrheit war der Meinung, Präsident George W. Bush könnte Maßnahmen zu ihrer Senkung ergreifen. Siehe Laurel Harbridge, Jon Krosnick, Jeffrey Wooldridge, »Presidential Approval and Gas Prices. Sociotropic or Pocketbook Influence?«, in: Jon A. Krosnick, I-Chant A. Chiang, Tobias H. Stark (Hg.), *Political Psychology. New Explorations*, New York 2017, S. 246–275; Joseph Carroll, Jeffrey Jones, »Nearly 8 in 10 Americans Call Gas Prices ›Unfair‹«, 6.5.2005, in: {news.gallup.com/poll/16171/Nearly-Americans-Call-Gas-Prices-Unfair.aspx}, letzter Zugriff 9.11.2022.

31 Anm. d. Ü.: *Leave It To Beaver* (dt.: *Erwachsen müßte man sein*) ist eine US-amerikanische Sitcom, die zwischen 1957 und 1963 erstausgestrahlt wurde. Sie handelt von einer vierköpfigen, für jene Zeit geradezu exemplarischen US-amerikanischen Mittelstandsfamilie, den Cleavers, und zeigt insbesondere das Aufwachsen des jüngeren Sohnes Theodor, genannt »Beaver«, der durch seine Neugierde und Naivität wiederholt in Schwierigkeiten kommt, ohne dabei ernstlich in Gefahr zu geraten. Geprägt vom starken Wirtschaftswachstum, dem Entstehen der Vorstädte und einer traditionellen Rollenverteilung in der Familie, zeichnet die Serie ein idyllisches, oft auch idealisiertes Leben und gilt

als Sinnbild eines traditionellen American Way of Life. Wie ein Meinungsbeitrag in der *New York Times* zur US-Präsidentschaftswahl 2016 schrieb, hätten sich viele Trump-Wähler*innen nach der kulturellen Homogenität der 1950er gesehnt, für die *Leave It To Beaver* steht. Siehe Brent Staples, »Voters Who Long for ›Leave It To Beaver‹« (9.11.2016), in: {www.nytimes.com/interactive/projects/cp/opinion/election-night-2016}, letzter Zugriff 8.12.2022.

32 Mehr *weiße* Wählerinnen haben in der jüngsten Geschichte der USA republikanische Präsidentschaftskandidaten unterstützt als demokratische. *Race*, konservative Ideologie und Abtreibung sind wahrscheinlich die gewichtigsten Faktoren, um diesen Trend zu erklären. Zugleich erinnert diese Tatsache daran, dass Frauen keine essenzialisierte Kategorie sind. Siehe »2016 Election Results: Exit Polls«, in: CNN.com, {cnn.com/election/2016/results/exit-polls}, letzter Zugriff 9.11.2022.

33 Robert W. Connell, »A Whole New World. Remaking Masculinity in the Context of the Environmental Movement«, in: *Gender & Society* 4, 4 (1990), S. 452–478, hier S. 454.

34 Anna M. Agathangelou, LHM Ling, »Power, Borders, Security, Wealth. Lessons of Violence and Desire from September 11«, in: *International Studies Quarterly* 48, 3 (2004), S. 517–538, hier S. 519.

35 In dem vorliegenden Text untersuche ich die dominierenden Männlichkeitsformen. Unberücksichtigt bleiben müssen dabei bedauerlicherweise jene frühen Bemühungen, der Ökologie gegenüber wohlwollendere Maskulinitäten zu entwickeln, die für eine sich verändernde Welt gewappnet sind. Siehe hierzu bspw. Mark Allister (Hg.), *Eco-Man. New Perspectives on Masculinity and Nature*, Charlottesville 2004.

36 Jonas Anshelm, Martin Hultman, »A Green Fatwā? Climate Change as a Threat to the Masculinity of Industrial Modernity«, in: *NORMA* 9, 2 (2014), S. 84–96; Martin Hultman, »The Making of an Environmental Hero. A History of Ecomodern Masculinity, Fuel Cells and Arnold Schwarzenegger«, in: *Environmental Humanities* 2, 1 (2013), S. 79–99.

37 Hultman, »The Making of an Environmental Hero«, S. 90 f.

38 Ebd., S. 95.

39 Anshelm, Hultman, »A Green Fatwā?«, S. 92.

40 Hultman, »The Making of an Environmental Hero«, S. 97 f.; Nelson, »Economists, Value Judgments, and Climate Change«.

41 Dies ist eine bewusste Anspielung auf den Titel von William Connollys Untersuchung der christlichen Rechten, *Capitalism and Christianity, American Style*. Der fossile Autoritarismus ist die jüngste Ausprägung der von Connolly

nachgezeichneten politischen Formation, und nicht zufällig war Connolly einer der wenigen, die die Bedrohung durch den Faschismus lange vor Trumps Aufstieg zur Macht vorausgesehen haben.

Eine desaströse Konvergenz. Maskulinität, fossile Brennstoffe und Autoritarismus

42 Bell, York, »Community Economic Identity«.

43 Lawrence Wright, »The Dark Bounty of Texas Oil«, in: *The New Yorker* (1.1.2018).

44 Eine wichtige Ausnahme hierfür stellt Erdgas dar, das sich zu einer profitablen und wachsenden Industrie entwickelt hat. Trotz der realen Risiken des Frackings wird Erdgas jedoch oft als umweltfreundlicher Brennstoff angepriesen und hat daher nicht die gleichen gewaltsamen Implikationen wie Öl und Gas.

45 Theodor W. Adorno, *Studien zum autoritären Charakter*, Frankfurt/M. 1995, S. 1 [Theodor Adornos gemeinsam mit Else Frenkel-Brunswik, Daniel Levinson und Nevitt Sandford verfasste Studie *The Authoritarian Personality* (New York 1950) wurde nur in Auszügen ins Deutsche übersetzt, u. a. – neben dem genannten Buch – in Theodor W. Adorno u. a., *Der autoritäre Charakter* 1 u. 2: *Studien über Autorität und Vorurteil*, übers. u. hrsg. v. Institut für Sozialforschung,

Frankfurt/M., Amsterdam 1968; Theodor W. Adorno, *Bemerkungen zu »The Authoritarian Personality« und weitere Texte*, Berlin 2019; Anm. d. Ü.].

46 Michel Foucault, »Vorwort (Vorwort zu Deleuze, G./Guattari, F., *Anti-Oedipus: Capitalism and Schizophrenia*, New York 1977)«, in: ders., *Schriften in vier Bänden. Dits et Ecrits III, 1976–1979*, Frankfurt/M. 2003, S. 176–180, hier S. 178.

47 Mehr über die Verbindung von Männlichkeit und Autoritarismus siehe J. A. Mangan (Hg.), *Superman Supreme. Fascist Body as Political Icon*, New York 2000); Barbara Spackman, *Fascist Virilities*, Minneapolis 1996; Sandro Bellassai, »The Masculine Mystique. Antimodernism and Virility in Fascist Italy«, in: *Journal of Modern Italian Studies* 10, 3 (2005), S. 314–335; Bill E. Peterson, Eileen L. Zurbriggen, »Gender, Sexuality, and the Authoritarian Personality«, in: *Journal of Personality* 78, 6 (2010), S. 1801–1826.

48 Theodor W. Adorno u. a., *The Authoritarian Personality*, New York 1950, S. 856, 428.

49 Erich Fromm, *Die Furcht vor der Freiheit*, München 2000, S. 159 (Hvh. i. O.).

50 Anm. d. Ü.: πετρα (*petra*): »Fels«, aber πετρος (*petros*): »Stein«.

51 Anm. d. Ü.: Petroleum ist die veraltete Form für Erdöl.

52 Klaus Theweleit, *Männerphantasien*, Berlin [2]2020, S. 328.

53 Ebd., S. 326.

54 Ebd. (Hvh. i. O.).

55 Ebd., S. 337.

56 Barbara Ehrenreich, »Foreword«, in: Klaus Theweleit, *Male Fantasies* 1: *Women, Floods, Bodies, History*, Minneapolis 1987, S. ix–xvii, hier S. xiii.

57 Corey Robin, *The Reactionary Mind: Conservatism from Edmund Burke to Sarah Palin*, New York 2011, S. 206.

58 Ebd., S. 208, 241; Theweleit, *Männerphantasien*, S. 335.

59 Mein Dank gilt Ben Meiches, der dieses Argument während einer Unterhaltung, an der wir beide teilnahmen, bei der International Studies Association Northeast Conference im November 2017 in Providence, Rhode Island, vorbrachte.

60 Weitere Informationen über die Proud Boys bietet das Southern Poverty Law Center, das sie als von Hass getriebene Gruppierung einstuft; siehe {splcenter.org/fighting-hate/extremist-files/group/proud-boys}, letzter Zugriff 9.11. 2022.

61 National Public Radio, »White Haze«.

62 Ebd.

63 Darüber hinaus muss seine überragende Rolle, die er im psychologischen Leben seiner treues-

ten Anhänger*innen einnimmt, wohl bedeuten, dass er trotz aller gegenteiligen Beweise das stabile Genie ist, das er zu sein behauptet. Fromm erklärt, dass diese Art der »blinde[n] Bewunderung« logischerweise notwendig für den Masochismus ist: »Wenn der, der mich beherrscht, ein so prachtvoller oder vollkommener Mensch ist, dann brauche ich mich nicht zu schämen, wenn ich ihm gehorche. Ich kann ihm ja doch niemals gleichkommen, weil er so viel stärker, klüger und besser ist als ich.« (Fromm, *Die Furcht vor der Freiheit*, S. 163) Würde sich Trump als unvollkommen oder als bloß normal erweisen, wäre die Unterwerfung unter seine Herrschaft demütigend.

64 Sarah Palin, »Drill, Baby, drill«, in: *The Guardian* (14.7.2009), {theguardian.com/commentisfree/cifamerica/2009/jul/14/sarah-palin-energy-obama}, letzter Zugriff 9.11.2022.

65 Beispielsweise beschreibt Carolyn Merchant in ihrem wegweisenden Buch *Der Tod der Natur* die sexuelle Symbolik der Natur-»Penetration«, die die »Ausbeutung und ›Vergewaltigung‹ der Natur zum Wohl des Menschen« legitimiere. Carolyn Merchant, *Der Tod der Natur. Ökologie, Frauen und die neuzeitliche Naturwissenschaft*, München 1987, S. 182.

66 LeMenager, *Living Oil*, S. 92.

67 Anm. d. Ü.: In der aktuellen deutschen Übersetzung wird das im englischen Original auf-

grund des femininen Pronomens eindeutig weiblich konnotierte Öl in seiner sächlichen Form belassen (siehe Upton Sinclair, *Öl!*, München 2013, S. 106: »Und da kam das Öl!«).

68 LeMenager, *Living Oil*, S. 93.

69 Shannon Elizabeth Bell, *Fighting King Coal. The Challenges to Micromobilization in Central Appalachia*, Cambridge 2016, S. 98 ff.

70 Linda Greenstein, Robert Gordon, Timothy Eustace, »Prohibits Retrofitting Diesel-Powered Vehicles to Increase Particulate Emissions for the Purpose of ›Coal Rolling‹«, in: *Pub. L.* No. NJ S2418 (2015), {legiscan.com/NJ/bill/S2418/2014}, letzter Zugriff 9.11.2022; Don Coram, Joann Ginal, »Prohibit Nuisance Exhibition Motor Vehicle Exhaust«, in: *Pub. L.* No. SB17-278 (o. D.), {leg.colorado.gov/bills/sb17-278}, letzter Zugriff 9.11.2022; »Vehicle Laws Causing Diesel Emissions to Discharge onto Another – Prohibition«, in: *Pub. L.* No. HB0011.

71 »Smoke Opacity Certification Schools«, in: *Colorado Department of Public Health and Environment*, {colorado.gov/pacific/cdphe/smoke-opacity-certification-schools}, Link erloschen; Hiroko Tabuchi, »›Rolling Coal‹ in Diesel Trucks, to Rebel and Provoke«, in: *The New York Times* (4.9.2016), {www.nytimes.com/2016/09/05/business/energy-environment/rolling-coal-in-diesel-trucks-to-rebel-and-provoke.html}, letzter Zugriff 9.11.2022.

72 Siehe #rollingcoal oder #rollincoal auf Instagram, {instagram.com/explore/tags/rollingcoal/} oder {instagram.com/explore/tags/rollincoal/?hl=en}, letzter Zugriff 9.11.2022.

73 David Weigel, »Rolling Coal«, in: *Slate* (3.7.2014), {slate.com/articles/news_and_politics/politics/2014/07/rolling_coal_conservatives_who_show_their_annoyance_with_liberals_obama.html}, letzter Zugriff 9.11.2022.

74 Dieses Thema taucht immer wieder in Youtube-Videos auf. Siehe bspw. »Hot Girl in Bikini gets Rolled Coal on – Crayz!«, {youtube.com/watch?v=sTCBOOvt4w8}, letzter Zugriff 9.11.2022.

75 Siehe {vocativ.com/190898/rollin-coal-is-pollution-porn-for-dudes-with-pickup-trucks/index.html}, letzter Zugriff 9.11.2022.

76 Weigel, »Rolling Coal«.

77 Grace Wyler, »There's Nothing Wrong with Rolling Coal«, in: *Vice News* (11.7.2014), {vice.com/en_us/article/jmb4d8/nothing-wrong-with-rolling-coal-711}, letzter Zugriff 9.11.2022.

78 Bruce Finley, »Diesel Drivers Who are ›Rolling Coal‹ in Colorado. Tune Up or Pay Up«, in: *The Denver Post* (22.5.2017), {denverpost.com/2017/05/22/colorado-rolling-coal-fines/}, letzter Zugriff 9.11.2022.

79 Die Soziologin Lisa Wade prägte diesen Begriff in Bezug auf die insbesondere in den USA praktizierte mutwillige Luftverschmutzung des *coal rolling*. Siehe {thesocietypages.org/socimages/

2014/07/23/conspicuous-pollution-rural-white-men-rollin-coal/}, letzter Zugriff 9.11.2022.

80 Kari Norgaard, *Living in Denial. Climate Change, Emotions, and Everyday Life*, Cambridge 2011.

Schluss: Gewalt und Misogynie fossiler Brennstoffe

81 Timothy Morton, *Hyperobjects. Philosophy and Ecology after the End of the World*, Minneapolis 2013, S. 104.

82 Jami Weinstein, Claire Colebrook (Hg.), *Posthumous Life. Theorizing Beyond the Posthuman*, New York 2017.

83 Anna Lowenhaupt Tsing, *Der Pilz am Ende der Welt. Über das Leben in den Ruinen des Kapitalismus*, Berlin 2018.

84 Weinstein, Colebrook, *Posthumous Life.*

85 Roy Scranton, *Learning to Die in the Anthropocene. Reflections on the End of a Civilization*, San Francisco 2015.

86 Grove, »Of an Apocalyptic Tone Recently Adopted in Everything«.

87 Bruno Latour, »Love Your Monsters. Why We Must Care for Our Technologies As We Do Our Children«, in: The Breakthrough Institute, {thebreakthrough.org/index.php/journal/past-issues/issue-2/love-your-monsters}, letzter Zugriff 9.11.2022.

88 Donna J. Haraway, *Unruhig bleiben. Die Verwandtschaft der Arten im Chthuluzän*, Frankfurt/M., New York 2018.

89 Morton, *Hyperobjects*.

90 Manne, *Down Girl*, S. 59 (Hvh. i. O.).

Zweite Auflage Berlin 2024

Großbeerenstr. 57A | 10965 Berlin
info@matthes-seitz-berlin.de

Satz: Monika Grucza-Nápoles, Gdynia
Druck und Bindung: Art-Druk, Szczecin
Umschlaggestaltung nach einer Idee von Pierre Faucheux

ISBN 978-3-7518-0555-1
www.matthes-seitz-berlin.de

Andreas Malm

Wie man eine Pipeline in die Luft jagt

Kämpfen lernen in einer Welt in Flammen

126 Seiten, Broschur

Die wissenschaftlichen Fakten bezüglich der Klimakrise, die Daten, die das Massenaussterben beziffern, liegen auf dem Tisch, an dem Politiker*innen regelmäßig zusammenkommen, um Klimaziele zu vereinbaren. Gleichzeitig haben wir es mit einer nach wie vor boomenden Industrie für fossile Brennstoffe zu tun. Ist es an der Zeit, das kaputt zu machen, was uns kaputt machen wird? In diesem mitreißenden Manifest fordert Andreas Malm nichts weniger als die Eskalation: Wir müssen die Förderung fossiler Brennstoffe zum Stillstand bringen – mit unserem Handeln, unseren Körpern, mit allem, was uns zur Verfügung steht. Mit der Leidenschaft eines Aktivisten und dem Wissen eines Forschers diskutiert Andreas Malm das Spannungsfeld zwischen Gewaltfreiheit und direkter Aktion, Strategie und Taktik, Demokratie und sozialer Veränderung. Er zeigt uns, wie wir in einer Welt kämpfen können, die in Flammen steht.

» Es ist die große Stärke von Malms Buch, dass es vehement dafür eintritt, die Klimafrage unter dem Aspekt der Gerechtigkeit zu betrachten.«

– Beate Meierfrankenfeld, *Bayerischer Rundfunk*

Benjamin Steininger, Alexander Klose

Erdöl

Ein Atlas der Petromoderne

324 Seiten, gebunden

Die Entstehung von Erdöl braucht Ewigkeiten, seine Verwendung aber kennt nur den Augenblick: ob als Kraftstoff oder Plastiktüte, als Lippenstift oder Luftballon. Erdöl ist allgegenwärtig und doch unsichtbar. Es ist vorzeitlicher Naturstoff und hypermoderner Kunststoff. Es ist Kriegstreiber, Wohlstandsbringer und sogar Lebensmittel. Dieser reich bebilderte Atlas lädt ein zu Spaziergängen durch Geografien, Industrien und historische Prozesse und fördert erstaunliche Geschichten zutage: vom ersten Öltanker »Zoroaster« von 1878, der sich heute im Fundament einer Bohrinsel im Kaspischen Meer befindet, vom verarmten österreichischen Adelsspross, der als Ölarbeiter sein Glück in Argentinien suchte und zur Romanfigur wurde, von »Science-fashioned Molecules« als Helden des US-amerikanischen Industriefilms. Denn schließlich ist Erdöl weit mehr als die Summe seiner Moleküle.

»Erdöl ist der Stoff, aus dem die Welt gemacht ist, wie wir sie kennen. Dieses Buch zeigt uns diese Welt auf stimulierende und manchmal etwas neckische Weise.«
– Katharina Teutsch, *Deutschlandfunk Kultur*

Marja Göpel, Eva von Redecker

Schöpfen und Erschöpfen

78 Seiten, Klappenbroschur

Der Dialog zweier aufregender Denkerinnen unserer Zeit zelebriert das Zuhören und das Nachfragen, die Vergemeinschaftung von Wissen, ohne Differenzen aufzugeben, um andere Formen des Wirtschaftens und der Lebensgrundlage in den Blick zu nehmen: Versorgung statt Phantombesitz, Aufbruch statt Apokalypse, Regenerieren statt Erschöpfen. Wie lässt sich Ökonomie anders denken als im Wachstumsparadigma, welchen Umgang mit Ressourcen sollten wir pflegen, um ökologischer und sozialer Erschöpfung entgegenzuwirken, und ist es möglich, dass Gesellschaften tatsächlich mehr Reichtum, Wohlstand und Wohlbefinden für alle erzeugen können, wenn sie nicht mehr an Profit orientiert sind?

»Das Buch knüpft gekonnt eine Reihe von Streitpunkten zur ökologischen Transformation aneinander – von der Idee einer Postwachstumsgesellschaft, über die Bilanzierung von Umweltkosten bis zur Möglichkeit einer digitalisierten Planwirtschaft.«
– Oliver Werber, *Süddeutsche Zeitung*

Nicola Gess

Halbwahrheiten

Zur Manipulation von Wirklichkeit

157 Seiten, Klappenbroschur

Halbwahrheiten gehören zu den auffälligsten und wirkmächtigsten Instrumenten des sogenannten postfaktischen politischen Diskurses – eines Diskurses, der zwischen Relativismus und Zynismus schwankt und für den die Verwandlung von Fakten in bloße Meinungen ebenso typisch ist wie das Streben nach Aufmerksamkeit und die Demonstration autoritärer Setzungsmacht. In ihrem Buch setzt Nicola Gess die Halbwahrheit ins Vernehmen mit dem Ideologiebegriff und formuliert eine Theorie der Halbwahrheit als narrativer Kleinform, die nicht nach dem binären Code wahr/falsch, sondern glaubwürdig/unglaubwürdig funktioniert. Am Beispiel des gefallenen Journalisten Claas Relotius, des Verschwörungstheoretikers Ken Jebsen und des Literaten Uwe Tellkamp untersucht sie, wie eine Rhetorik der Halbwahrheiten arbeitet und warum man ihr mit einem »Fiktionscheck« besser begegnen kann als mit einem »Faktencheck«.

»Selten lud eine literaturwissenschaftliche Begriffsklärung so zur Selbstprüfung ein.«

– Gustav Seibt, *Süddeutsche Zeitung*

Jule Govrin

Politische Körper

Von Sorge und Solidarität

261 Seiten, Klappenbroschur

Wie verwundbar unsere Körper sind, verdrängen wir im Alltag, wo wir nur können. Doch die Pandemie hat uns diesen Umstand schmerzhaft ins Gedächtnis gerufen: Wird schon das Ein- und Ausatmen zur Gefahr, erscheint jedes Miteinander bedrohlich. So tritt eine Ambivalenz zutage, die zum philosophischen Ausgangspunkt für Jule Govrins Nachdenken über Körper und Politik wird: Verletzbar zu sein vereint alle Körper, in unserer Körperlichkeit scheint damit ein Moment radikaler Gleichheit auf. Doch Gegenwart und Geschichte sind von Mechanismen bestimmt, die darauf abzielen, Körper ungleich zu machen. Govrins aufwühlender Essay lenkt die Aufmerksamkeit darauf, wie politische Bilder und ökonomische Praktiken Körper formen. Ausgehend von der Erkenntnis, dass unsere Körper durch einander verwundbar und voneinander abhängig sind, wird die Sorge um sie zum Dreh- und Angelpunkt globaler Solidarität.